AF227715

LE BANQUET DE BRANNE

DISCOURS

DE M. E. PASCAL

ANCIEN PRÉFET

MEMBRE DU CONSEIL GÉNÉRAL DE LA GIRONDE

Messieurs,

Bien que le plaisir de passer entre amis cette bonne journée et le désir toujours si vif d'entendre nos chers et vaillants députés girondins ait naturellement agrandi le cercle de cette réunion et attiré autour de ces tables les représentants nombreux des cantons et des arrondissements voisins, vous me permettrez bien, j'espère, de distinguer parmi vous mes anciens compagnons d'armes, — les soldats de la 1re circonscription de Libourne ! (Applaudissements.) Vous me permettrez de fixer pendant quelques instants leur esprit sur le souvenir de cette grande bataille que nous avons livrée ensemble en 1877 et dont la ville de Branne, où nous avons l'honneur d'être réunis aujourd'hui, fut le centre des opérations principales. — Oui, j'ai cette audace, quand je parle, ici, à côté de ceux qui furent des champions plus heureux que nous, j'ai cette audace d'évoquer le souvenir de notre défaite, et quand je vous vois, mes amis, si animés, si vaillants, si fidèles, je ne puis résister au plaisir de constater qu'à côté des victorieux, vos voisins de table, vous ne faites pas triste figure. (Bravos répétés.) Ah! je le déclare avec orgueil, moi qui ai eu l'honneur de vous commander et de vous conduire au feu : — on n'a jamais vu des vaincus tels que vous. (Triple salve d'applaudissements.) Tenez pour certain que ceux qui nous ont battus le 14 octobre n'ont pas aujourd'hui la mine si fière et qu'ils ne seraient pas d'humeur à rompre le pain d'un si joyeux appétit. (Bravos répétés.)

D'où vient, messieurs, que les rôles soient ainsi intervertis, que les vainqueurs soient si mornes et les vaincus si confiants et si résolus? Chercherai-je à l'expliquer en rappelant que, tandis que vous vous battiez pour un principe, — eux se battaient pour des places, et que le budget de la république, qui n'est ni si hospitalier ni si élastique que les tables de ce banquet (on rit), leur a causé déjà d'amères désillusions.— Eh bien! non, dédaignons les explications de cet ordre; c'est ailleurs, c'est plus haut que je veux rechercher avec vous les causes de ce contraste instructif, les raisons de cette confiance qui éclate dans vos regards. (Bravos.)

Vous êtes-vous demandé quelquefois où nous en serions aujourd'hui si les élections du 14 octobre avaient répondu à l'attente des hommes qui ont fait le 16 Mai? — Le 16 Mai, qui a été, quoi qu'on en dise, dans son inspiration première, un acte louable et justifié, et qui n'a été compromis que par ceux qui n'ont pas su — ou qui n'ont pas voulu voir où était la vraie force et quel était le drapeau qui seul pouvait susciter l'élan sauveur dans cette démocratie honnête et sensée qui se lasse à la fin de courir après des chimères? (Très bien! très bien!)

Vous souvenez-vous des procédés étranges avec lesquels les ministres du 16 Mai,— que je ne veux point attaquer, car il est parmi eux des hommes dont je m'honore d'avoir l'amitié et l'estime, — tout flétris qu'ils sont (applaudissements) — vous souvenez-vous des procédés ingénieux avec lesquels on avait eu la prétention de régler la question des candidatures? On disait aux bonapartistes de Provence : Votez pour un royaliste, et il vous en sera tenu compte, dans le Calvados (on rit), on disait à nos amis de l'Ouest : Acceptez ce sacrifice, et vous en serez récompensés... à Bayonne ou à Perpignan (hilarité générale). Voilà, messieurs, les procédés bizarres avec lesquels les chefs conservateurs avaient la prétention de vaincre une armée compacte, disciplinée, animée des mêmes passions, des mêmes h ines, enflammée par les mêmes appétits. — Je ne crains pas de le dire, l'histoire s'arrêtera stupéfaite devant la puérilité de ces hommes d'Etat. (Applaudissements.)

Mais enfin, supposons que l'opération eût réussi et que le pays, éclairé tout à coup sur les dangers d'une politique contre laquelle le maréchal avait voulu réagir, pénétrant soudainement dans les mystères d'une situation qu'il n'a jamais bien comprise et qui lui fut d'ailleurs trop brusquement révélée — eût donné raison au maréchal contre la Chambre, — quelle eût été notre position le lendemain ?.

Je ne crains pas d'affirmer que nous nous serions trouvés en face d'une majorité plus hétérogène, plus divisée, plus impuissante qu'aucune de ses devancières. — D'un côté, des royalistes ardents, animés par le succès, des royalistes que je n'attaque pas et que je n'attaquerai jamais, car je sais trop ce que l'histoire de mon pays me commande de respect et d'estime (Très bien ! très bien.) De l'autre, des parlementaires combattus entre le souvenir d'un passé qu'ils n'ont pas le courage de répudier, et les exigences d'une société démocratique dont ils n'ont jamais eu le sens et qui ne s'accommode plus de leurs transactions et de leurs tempéraments. — Enfin des bonapartistes autoritaires et démocrates égarés dans les sentiers étroits et sinueux d'une politique compliquée et alambiquée. (Très bien! très bien!)

Nous aurions vu les ministères succéder aux ministères, les programmes des divers cabinets se perdre dans des subtilités insaisissables, des groupes se former, se diviser, se subdiviser, — et, tenez, — ne vous souvenez-vous plus de M. Adrien Léon, qui fut une des gloires de la Gironde (on rit)? Il avait fini, à l'Assemblée nationale, par former un groupe à lui tout seul — si bien que, plus tard, lorsqu'une recette générale échut à son parti, c'est lui qui l'eut, — et qui l'a gardée. (Bruyante hilarité.)

Or, avec des éléments si divergents, qu'eût fait le maréchal, — le maréchal pour qui le silence doit être la dernière forme de notre respect? (Sensation.)

Ah! je sais bien qu'on trouve dans l'histoire une situation pareille, — c'était à la Législative de 1849; — mais le chef de l'Etat ne s'appelait pas Mac-Mahon, — il s'appelait, messieurs, Louis-Napoléon Bonaparte, et vous savez le reste. (Applaudissements prolongés.) Messieurs, pas d'équivoque. Un coup de force peut être quelquefois un acte de délivrance, mais nous n'avons pas le droit de le faire entrer dans nos calculs. — Quand je dis : Vous savez le reste, — j'entends par

là les six millions de suffrages qui donnè-
rent raison au président contre les représentants du pays — t j'en puis parler à
l'aise, car j'étais alors, quoique bien jeune,
parmi les vaincus du 2 décembre et, pendant vingt ans, je suis resté avec les vaincus (Très bien ! très bien !)

Eh bien, admirez comme la main de Dieu
se montre dans la conduite des choses pré-
sentes. Au lieu de nous laisser glisser dans
ce gâchis parlementaire, au lieu de nous livrer à cette confusion énervante, à ces ti-
raillements impuissants qui auraient été la
conséquence immédiate de la victoire, c'est
à la république qu'échoit, grâce à notre défaite, la responsabilité du pouvoir. Mais la
république qui triomphe est une république énervée, timide, mal venue comme les
enfants qui naissent après des couches la-
borieuses. (Rires et applaudissements). Les
radicaux se plaignent; ce n'est pas leur république à eux, — celle qu'ils aiment à défendre, parce qu'ils sont les maîtres de l'ex-
ploiter. — Les hommes qui nous gouvernent s'excusent auprès d'eux par la nécessité de ménager le Sénat. — Attendez les
élections sénatoriales, crient sur tous les
tons les ministres effarés qui tout bas peut-
être font des vœux pour la défaite des amis
compromettants à qui ils promettent la victoire.

Les élections sénatoriales arrivent. Admirez encore combien la force mystérieuse qui nous mène se rit de notre imprévoyance et de notre aveuglement. — Si les conservateurs l'avaient emporté, M. Dufaure aurait été consolidé; — les esprits timides, hésitants, comme il y en a tant, même parmi nous, seraient venus nous dire à nous, sénateurs élus : « Ne renversez pas M. Dufaure, estimez-vous heureux de n'avoir pas pire que lui », et la république centre-gauche serait encore debout !

Mais il arrive que nous perdons la bataille des élections sénatoriales, malgré toutes les prévisions. La république appelle à son aide les moyens qui lui sont naturels et familiers : la défection, la lâcheté, la vénalité.— Vous en pourriez dire long par ici. (Applaudissements.)

Nous sommes battus, — vous savez si je me suis laissé troubler par la défaite, (Bravos répétés.) — nous sommes battus et du coup le centre gauche en meurt. — C'est l'opportunisme qui hérite de notre défaite. — Et, cinq mois après, l'opportunisme, qui se croit le maître, qui tient enfin la république vraie et qui l'annonce au monde, l'opportunisme, qui s'asseoit dans les carrosses du maréchal et qui se couche dans les draps du duc de Morny, — l'opportunisme rencontre sur son chemin un vieillard décrépit auquel il ne prend pas garde et qui tout à coup se redressant sous ses chaînes fièrement lui dit: Je suis Blanqui! (Triple salve d'applaudissements.) La rencontre est importante.

Je vous épargne, messieurs, le récit des transactions, des capitulations auxquelles nous venons d'assister depuis le jour où la question Blanqui s'est dressée menaçante sur la route de ce cabinet incapable et discrédité... Blanqui n'est pas entré au Parlement. — Le 4 septembre en a fermé les portes au 31 octobre. C'est une querelle de branche cadette,—comme l'a si bien dit mon ami Robert Mittcheil dans un discours que Paris applaudit encore et qui restera comme un modèle de cette ironie implacable que nul ne mania avec plus de puissance et un art plus accompli. (Applaudissements.) Blanqui n'entre pas au parlement; — il est dans son rôle de l'assiéger.

Et comment n'être pas frappé, messieurs, par ce dernier effort de la légalité expirante! Le gouvernement accorde la grâce et refuse l'amnistie. Quelle contradiction piteuse et misérable! Si Blanqui était digne de la grâce, pourquoi a-t-il fallu que les électeurs de Bordeaux vinssent le rappeler au gouvernement? — Si ce n'est là qu'une concession? le refus de l'amnistie n'est-il pas pour le corps électoral une suprême offense?... (Très bien! très bien!)

Arrêtons-nous quelques instants dans le bourbier où nous sommes. (Applaudissements.)

Et, maintenant, messieurs, regardez en arrière. Distinguez-vous encore le point de départ? Apercevez-vous le grand-cordon du maréchal ou la cravate de M. Dufaure? (Hilarité.)

Depuis le 5 janvier, quel chemin parcouru! (Applaudissements.) — On rencontre encore, de loin en loin, quelques imbéciles qui vous disent: « Cela durera longtemps.» — Voilà neuf ans que cela dure! j'en demande bien pardon à ces résignés — et j'en appelle aux républicains eux-mêmes: — après le 5 janvier, c'est eux qui ont dit et écrit, — et avec raison, — que la république, délivrée du concours que nous lui avions sottement prêté, — ne datait que de leur victoire. — Nous retenons l'aveu, — la république date de cinq mois, messieurs, et après cinq mois, voilà ce qu'elle donne. (Triple salve d'applaudissements.)

Eh bien! il faut avoir la modestie de le reconnaître, dans ces grands résultats qui vous inspirent une si légitime confiance, nous ne sommes pour rien! Les événements se sont précipités, ils se sont enchaînés comme par une loi mystérieuse qui a dominé nos volontés et dérouté nos prévisions. (Très bien!)

Ah! messieurs, c'est que la démocratie a une puissance de simplification vraiment merveilleuse, qui surmonte tous les obstacles et se joue de toutes les difficultés.

Et, puisque j'ai parlé de démocratie, permettez-moi de m'expliquer en quelques mots, car je ne sais rien de plus irritant que d'entendre certains de nos adversaires abuser de ce mot pour nous travestir en courtisans de la foule et essayer de faire de nous des révolutionnaires. (Très bien ! très bien !)

Des révolutionnaires, nous! les partisans anciens ou nouveaux de ce gouvernement qui a le juste orgueil d'être la seule force effective capable de dominer la révolution et de gouverner la démocratie ; — des révolutionnaires, nous les partisans de l'Empire qui apparaît dans l'histoire à l'heure des réactions nécessaires, comme la suprême ressource des intérêts conservateurs alarmés! (Applaudissements bruyants.)

Et que suis-je ici moi-même, messieurs ; que serais-je parmi vous et qu'y ferais-je si vous étiez vraiment des révolutionnaires, moi qui viens du dehors, moi qui ai pendant vingt ans combattu le gouvernement que vous avez aimé, défendu ou servi au nom des principes parlementaires dont j'ai reconnu l'inanité à une heure où il y avait peut-être quelque mérite et quelque désintéressement à le faire ? Que suis-je, sinon un simple soldat du corps détaché de la grande armée qui nous suit (triple salve d'applaudissements)? Est-ce que vous croyez par hasard que cette avant-garde précède les forces turbulentes de la révolution qui vien-

nent livrer l'assaut aux institutions sociales
de ce pays? Non non, messieurs, l'avant-
garde, dont je ne suis que le modeste soldat,
marche à la tête de ces colonnes profondes
composées des ouvriers honnêtes et labo-
rieux, des paysans amis de la s curité et de
la paix, des citoyens dévoues aux intérêts
perm nents de ce pays et qui, après s'être
égarés dans les maré ages et les fondrières
de la république conservatrice, du septennat,
du mac-mahonat, s'ébranlent enfin et, s'o-
rientaut sur le passé, viennent à votre se-
cours et vous apportent la ratification des
sept millions de suffrges qui pour la troi-
sième fois sce lèrent l'alliance de la France
et des Napoléons. (Acclamatioas prolon-
gées.)

Mais la démocratie, messieurs, sur laquelle j'entends exposer des doctrines si di-
verses, qu'est-ce donc, si ce n'est le suffrage
universel? (C'est cela! Très bien!) Eh bien,
savez-vous, à l'heure où je parle, un homme
doué de quelque raison, de quelque bon sens
pratique qui ne reconnaisse que le suffrage
universel est entré définitivement dans les
mœurs de ce pays. Ah! je sais les mefinces
que le suffrage universel inspire — j'ai quelquefois posé à ceux qui en médisent cette
simple question: «Vous sentez-vous de force
à porter la main sur lui? — Vous l'avez pu
en 1871, — vous avez recule — et vous avez
bien fait. — Êtes-vous de taille à l'entre-

prendre aujourd'hui ? — Êtes-vous bien sûrs, d'ailleurs, que vous auriez à vous en applaudir? Consentiriez-vous à livrer demain l'avenir de notre pays à cette classe intermédiaire, mobile, variable, inconsistante qui se renouvelle sans cesse, et qu', par cela même qu'elle se renouvelle incessamment, est toujours sollicitée à tout sacrifier à l'intérêt du moment, à subordonner les grands intérêts du pays à des combinaisons éphémérés aux exigences d'une affaire ou d'une spéculation. (Très bien! très bien!). Voyez donc ce qu'est devenu la Bourse depuis quelque temps, si ce n'est le temple de l'imprévoyance et de la niaiserie politiques. Eh bien, quand on pose cette question à des hommes sincères, on les voit se refugier aussitôt dans une sorte de découragement inerte dont j'ai connu les amertumes et dont je vous remercie de m'avoir délivré. (Applaudissements prolongés.)

Oui, messieurs, nous appartenons à la démocratie — par cela même que nous sommes les serviteurs respecteux et conséquents du suffrage universel; et, tenant le suffrage universel pour définitivement établi, nous estimons qu'il serait chimérique et vain de chercher à restaurer nous ne savons quelle oligarchie politique dont les premiers éléments nous font absolument défaut, dont il serait impossible de déterminer le caractère et de préciser les limites; et parce qu'il faut renoncer à constituer des classes dirigeantes, nous croyons qu'il faut par cela même renoncer à ce régime parlementaire dont il serait puéril de nier les avantages dans certains pays, mais qui dans une démocratie égalitaire et centralisée comme la nôtre, ne peut que déchaîner l'anarchie, provoquer le désordre et réduire le gouvernement à de vaines et stériles compétitions. (Applaudissements prolongés.) Voilà par quelle série de déductions implacables passent tous les esprits sincères qui, au lieu de caresser de chimériques retours, estiment qu'il est plus honnête et plus patriotique d'accepter leur pays et leur temps tels qu'ils sont. (Très-bien ! très-bien !)

Cette logique qui s'impose à notre esprit n'éclate-t-elle pas de to tes parts dans les faits que je vous rappelais tout à l'heure?— et c'etait là ce qui me faisait vous dire que la démocratie a une puissance de simplification irrésistible. — C'est en vain qu'on essaierait de la soumettre au jeu compliqué du régime parlementaire. — C'est en vain qu'on essaierait de l'enchaîner par les liens des fictions constitutionnelles dont elle sent l'inanité. — Le jour vient où sa patience est à bout. Il se fait alors comme une explosion de bon sens public et quand ceux qui nous gouvernent ne posent pas la question comme elle l'entend — eh bien ! — elle le fait elle-même et se charge de ce soin. —

C'est là ce qu'ont fait les électeurs de Paris et de Bordeaux. (Applaudissements).

Nous pouvons dire aujourd'hui et sans exagération que la question est posée. — Il n'y a pas, de Dunkerque à Bayonne, de Grenoble à Quimper, un esprit sensé qui ne reconnaisse que la lutte s'engage — lutte pacifique, régulière et légale entre la république et l'Empire (salve d'applaudissements); — la république, qui dit à la démocratie : « Administre comme tu voudras, je te livre les finances, l'armée, l'administration, la magistrature, à une condition : c'est que tu ne seras pas appelé à choisir ton gouvernement; » — l'Empire, qui lui dit : « Choisis d'abord qui te gouverne — si tu veux être vraiment gouverné dans le sens de tes intérêts, de tes droits et de tes traditions. » (Bravos répétés).

Eh bien, messieurs, à mesure que s'avance l'heure de cette option suprême, il faut faire un retour sur nous-mêmes et nous rendre chaque jour plus dignes de défendre ce gouvernement qui est et qui doit être essentiellement le gouvernement de tous.

Il faut renoncer à toute agitation vaine, à toute déclamation stérile, à toute démonstration tapageuse; il faut aborder sérieusement les questions pratiques, étudier les réformes nécessaires, travailler avec gravité et devenir un parti de gouvernement capable de prendre le pouvoir et digne de l'exercer. (Bravos répétés.)

Il faut désarmer nos adversaires e leur prouvant que nous ne sommes pas des hommes de colère, des hommes de passions, des hommes de représailles, et que l'appel au peuple est une large voie dans laquelle les républicains eux-mêmes, revenus de leurs illusions, peuvent passer le front haut et sans rien sacrifier de leur dignité. (Très bien ! Très bien !

Il faut surtout rassurer les conservateurs que des préventions obstinées, des appréciations irréfléchies éloignent encore de notre cause. Il faut leur montrer qu'il n'y a pas un intérêt conservateur, pas un intérêt social dont nous ne soyons les defenseurs efficaces ; il faut leur prouver que l'étroite communion d'idees qui nous unit à la démocratie, dont nous tenons le drapeau, nous permet de braver tous les préjugés et toutes les impopularités, et de parler au peuple, au vrai peuple, à celui qui a fait l'Empire et qui le refera (pplaudissements). un langage digne de lui — de son honnêteté et de sa droiture.

On le voit bien dans cette campagne de la liberté d'enseignement à laquelle, pour mon compte je n'ai pas hésité à m'associer activement (Applaudissements bruyants. — Bravo ! bravo !) Est-ce qu'il est venu à la pensee d'un homme de sens, parce que nous réclamons le droit commun pour les congrégations religieuses, dans lesquelles nous voyons la garantie de la liberté des pères de famille, de nous accuser de déserter les droits de cette société civile que l'Empereur Napoléon fonda sur les ruines d'un monde politique disparu? (Applaudissements.)

Enfin, messieurs, et c'est par là que je termine, il faut être disciplinés. La discipline, qui est le devoir de tous les temps, est aujourd'hui l'impérieuse nécessité d'un parti qui porte visiblement la responsabilité de l'avenir, — et c'est au nom de cette discipline que je bois à la santé de l'homme éminent dont j'ai trouvé la main loyale sur le seuil du parti où le parlementaire désabusé venait demander un asile et des armes pour le bon combat et à qui j'envoie d'ici, en votre nom et au mien, et du cœur même de cette Gironde fidèle, l'expression d'un dévouement, impatient d'être mis à l'épreuve, — à M. Rouher! (Applaudissements prolongés. — Bruyant enthousiasme.)

Paris. — Imp. F. Debons et Cie, 16, rue du Croissant.